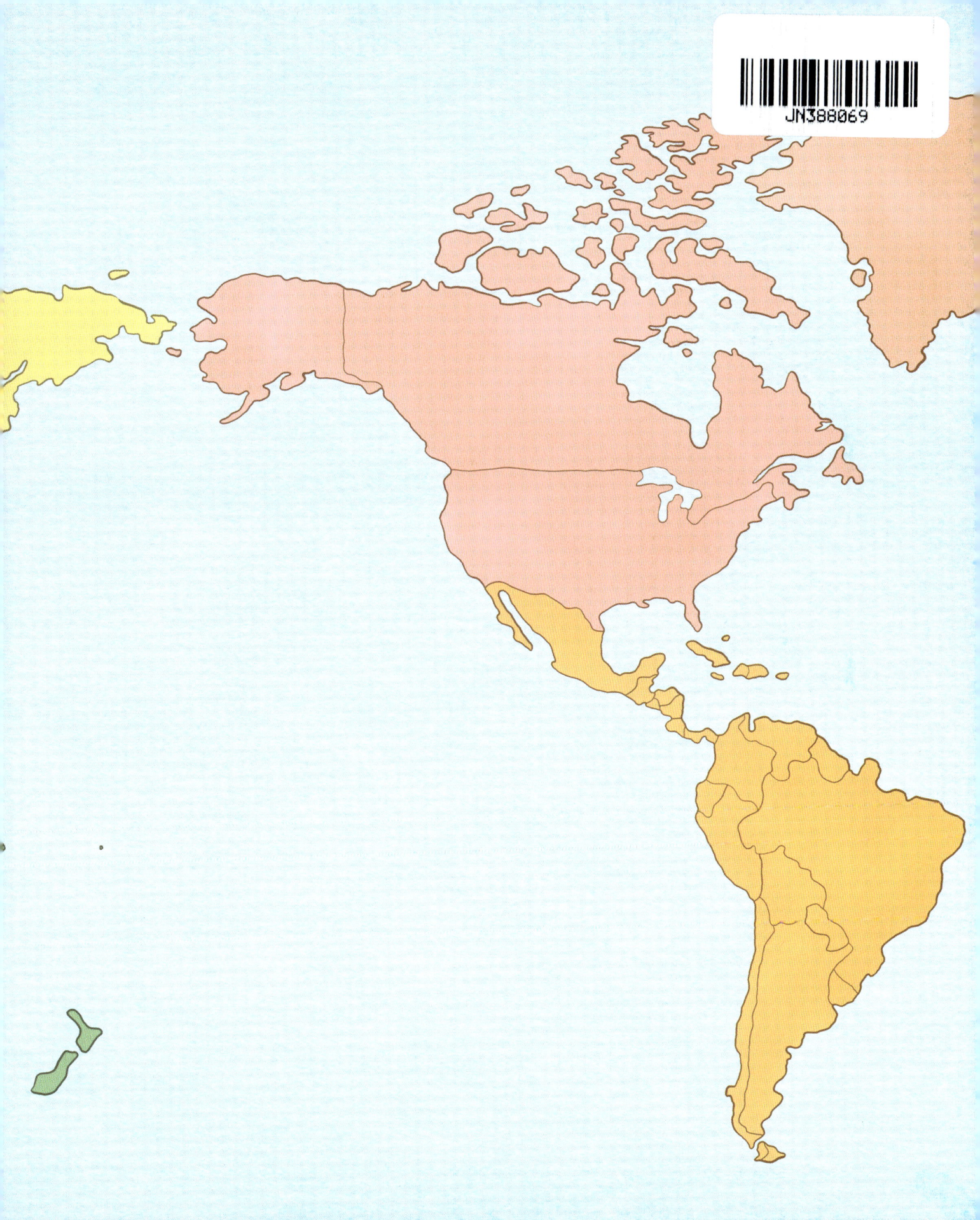

글 | 허지훈
대학에서는 아동학을, 대학원에서는 유아교육학을 공부했습니다.
아이들이 동화를 통해 낯설고 신기한 세상의 이야기들을
바르게 이해하기를 바라는 마음으로 책을 쓰고 있습니다.
지은 책으로는 〈알쏭달쏭 갸우뚱갸우뚱〉, 〈머리와 꼬리〉, 〈임금님의 열매〉,
〈그림책을 통한 다문화 반편견 교육〉 등이 있습니다.

그림 | 김희영
어렸을 때부터 만화와 그림 그리기를 매우 좋아했습니다.
홍익대학교에서 회화를 공부했고,
지금은 재미있고 유익한 어린이 책을 만드는 일에 힘쓰고 있습니다.
〈팡팡 어디로 갈래?〉, 〈동생을 보내 주세요〉, 〈살빼기는 너무 힘들어〉,
〈시골 쥐의 서울 구경〉 등의 그림책에 그림을 그렸습니다.

누리 세계문화 10 사우디아라비아　지금은 라마단

글 허지훈 | 그림 김희영 | 펴낸이 김의진 | 기획편집총괄 박서영 | 편집 정재은 이영민 김한상 | 글 다듬기 박미향 | 디자인 수박나무
제작·영업 도서출판 누리 | 펴낸곳 Yisubook | 주소 경기도 고양시 일산동구 일산로67, 3층 | 고객상담실 080-890-7000
잘못된 책은 바꾸어 드립니다. 이 책에 실린 글이나 그림을 무단으로 복사, 복제, 배포하는 것을 금합니다.
△1. 사람을 향해 던지거나 떨어뜨리지 마십시오.　2. 고온 다습한 장소나 직사광선이 닿는 장소에는 보관하지 마십시오.

지금은 라마단

글 허지훈 그림 김희영

압둘라는 초등학교 1학년이에요.
오늘도 선생님 말씀에 귀를 기울이며 열심히 공부하지요.
사우디아라비아에서는 남자아이가 다니는 학교와
여자아이가 다니는 학교가 따로 있어요.
남자아이들이 다니는 학교에서는 선생님도 모두 남자이지요.

"우리나라는 대부분의 땅이 사막이지만, 석유가 많이 묻혀 있어요.
세계에서 석유를 가장 많이 생산하는 나라랍니다."
선생님이 지도에서 석유가 많이 나오는 지역을 표시해 알려 주네요.
압둘라는 아빠를 따라 유전 근처에 가 본 적이 있어요.
높은 기둥에서 불꽃이 솟아오르던 걸 기억하고 있지요.

"자, 간다!"
압둘라는 집에 오자마자 가방을 팽개치고,
친구들과 골목에서 만나 공을 차고 놀아요.
그런데 친구의 공을 빼앗으려다
그만 옷을 밟고 넘어지고 말았어요.
공차기를 할 땐 긴 옷이 참 불편해요.

"압둘라, 점심 먹어라!"
한창 공차기를 하는데 엄마가 불러요.
압둘라 혼자 식탁에 앉아요.
왜냐고요? 지금은 '*라마단' 기간이거든요.
이슬람교 신자들은 라마단 한 달 동안
낮에는 음식을 먹지 않아요.
어린아이들은 빼고 말이죠.
압둘라가 식사하는 동안
엄마 아빠는 〈코란〉을 읽어요.

"일어나세요."
새벽 세 시, 창밖에서 잠을 깨우는 목소리가 들려요.
어른들은 해가 뜨기 전에 식사를 해야 해요.
이때 하는 식사를 수흐르라고 하지요.
이른 새벽이라 깨워 주는 사람들이 있는 거예요.
하늘엔 아직 초승달이 예쁘게 빛나고 있네요.

드디어 오늘 라마단이 끝나고 내일부터 '이드알피트르' 축제가 시작돼요.
무사히 라마단을 마친 걸 축하하며 선물도 주고받고 음식도 먹지요.
압둘라는 친척들에게 줄 선물을 사기 위해 엄마 아빠랑 리야드에 가요.
압둘라도 내일 그렇게 갖고 싶었던 장난감을 받을지 몰라요.
리야드에 도착하자 킹덤 센터를 비롯해 높은 건물들이 보이네요.

가까운 모스크에서 기도 소리가 울려 퍼져요.
"아, 기도 시간이구나. 모두 차에서 내리자."
압둘라네 가족은 양탄자를 깔고 기도를 드렸어요.
이슬람교 신자들은 어디에 있든 하루에 다섯 번씩 정해진 시간에 메카를 향해 기도를 드린답니다.

다음 날 아침, 압둘라네 가족은 모스크로 향했어요.
경건한 마음으로 예배를 드리면서
이드알피트르 축제를 맞이하기 위해서예요.

사원에는 사람이 많이 모였어요.
압둘라는 예배를 하고, 그동안 모은 돈을 사원에 냈어요.
이 돈은 가난한 사람들을 위해 쓰여요.

"압둘라, 잘 있었니? 많이 컸구나!"
저녁이 되자 압둘라네 집에 친척들이 놀러 왔어요.
서로 선물을 주고받았지요.
압둘라는 두근거리는 마음으로 선물을 풀어 보았어요.
"야호!"
압둘라가 갖고 싶었던 장난감 기차예요.

남자들은 둘러앉아 쿠지를 맛있게 먹어요.
쿠지는 낙타 고기예요.
압둘라도 그 틈에 끼어 손으로 고기를 뜯어 먹었지요.

팡! 팡!
식사를 마치고 이야기꽃을 피우고 있는데,
밖에서 요란한 소리가 들려와요.
와! 불꽃 축제가 시작되었나 봐요.
압둘라는 행복한 마음으로
하늘을 수놓은 예쁜 불꽃을 바라보아요.

메디나
메카, 예루살렘과 함께 이슬람교의 유명한 성지야. 예언자 사원이 있는데, 그 안에 무함마드의 무덤이 있지. 메디나에는 이슬람교도만 들어갈 수 있어.

여기는 사우디아라비아!

정식 명칭	사우디아라비아 왕국
위치	서남아시아 아라비아 반도 가운데
면적	약 214만 9천km²
수도	리야드
인구	약 2,734만 명
언어	아랍 어
나라꽃	대추야자

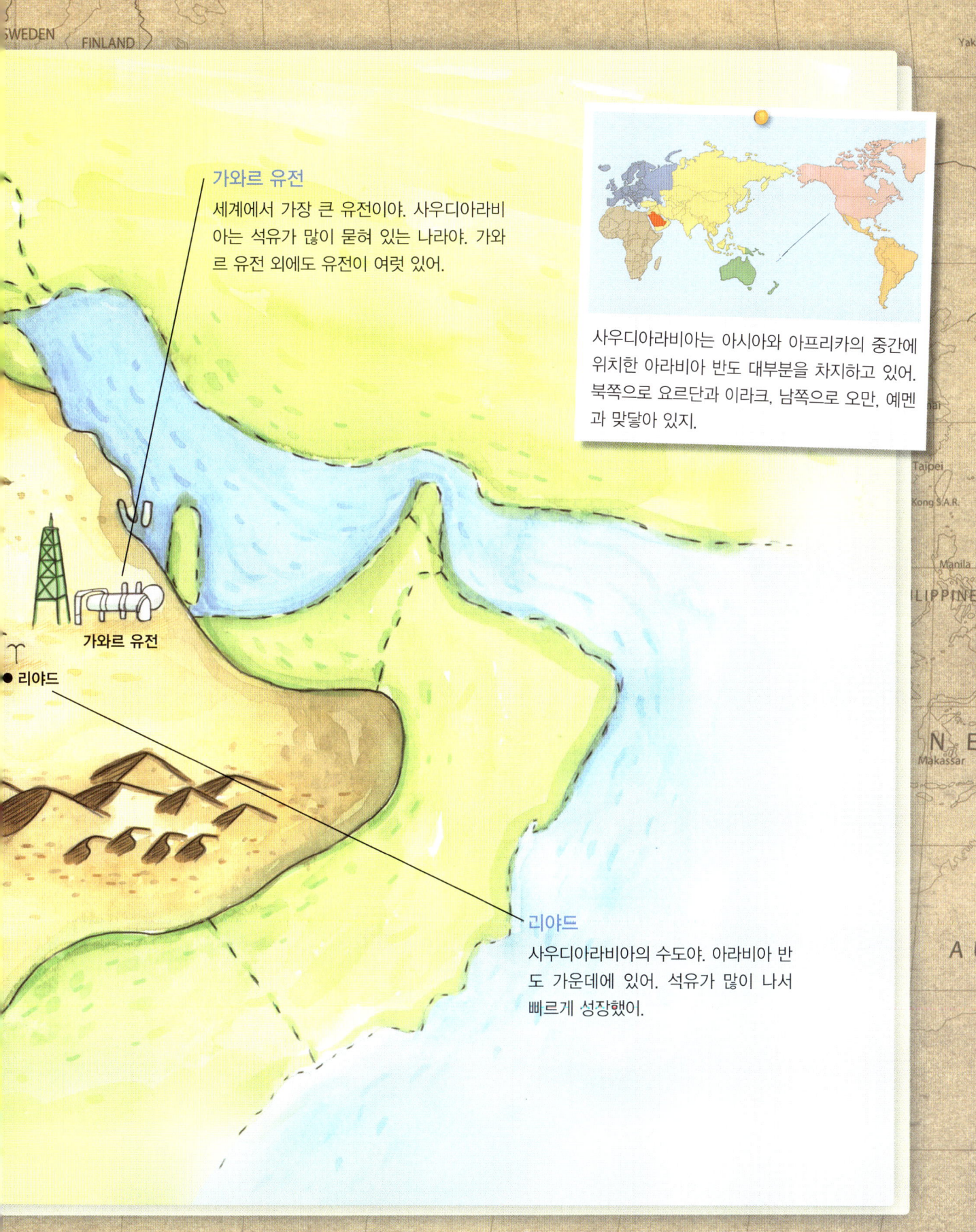

가와르 유전
세계에서 가장 큰 유전이야. 사우디아라비아는 석유가 많이 묻혀 있는 나라야. 가와르 유전 외에도 유전이 여럿 있어.

사우디아라비아는 아시아와 아프리카의 중간에 위치한 아라비아 반도 대부분을 차지하고 있어. 북쪽으로 요르단과 이라크, 남쪽으로 오만, 예멘과 맞닿아 있지.

리야드
사우디아라비아의 수도야. 아라비아 반도 가운데에 있어. 석유가 많이 나서 빠르게 성장했어.

이슬람교가 시작된 나라

이슬람교는 사우디아라비아에서 시작되었어. 사우디아라비아 사람은 모두 이슬람교를 믿고, 알라신의 뜻에 따라 살려고 노력하지. 사우디아라비아 사람들의 생활과 이슬람교는 떼려야 뗄 수 없는 관계에 있어.

이슬람교의 성지_메카

메카는 이슬람교를 창시한 무함마드가 태어난 도시야. 무함마드는 메카에서 신의 목소리를 들었다고 해. 그래서 이슬람교를 믿는 사람들은 메카를 성스러운 도시라고 여기지. 이슬람교를 믿는 사람들은 매일 메카가 있는 곳을 향해 절을 해. 그리고 죽기 전에 꼭 한 번은 메카를 방문해야 한대.

사우디아라비아의 헌법_코란

〈코란〉은 무함마드가 전한 알라신의 가르침을 모은 책이야. 이슬람교의 경전이지. 이슬람교를 믿는 사람들은 〈코란〉에 적힌 내용을 따라야 해. 사우디아라비아에서는 〈코란〉이 곧 헌법이기도 하지.

국기에도 〈코란〉의 구절이 새겨져 있어.

매일 다섯 번 절하는 이슬람교도

이슬람교를 믿는 사람들은 전 세계 어디에 있든지 하루 다섯 번씩 메카를 향해 절을 해. 이 외에도 지켜야 하는 것이 많아. 불쌍한 사람을 위해서 재산의 일부를 나누어 주어야 하고, 이슬람 달력의 아홉 번째 달에는 해가 떴을 때 음식을 먹으면 안 되지.

알록달록 누리

이런 게 궁금해요!

일 년 중 한 달 동안은 낮에 아무것도 먹지 못하고, 하루 다섯 번씩 절을 하는 생활은 참 낯설게 느껴져. 그래서 알라신의 가르침대로 살아가는 사우디아라비아 사람들의 생활이 더욱 궁금해.

불편한데 왜 긴 옷을 입는 거야?

사우디아라비아는 사막이 많아 모래 바람이 불지. 그래서 피부를 보호하기 위해 긴 옷을 입는 거야. 여자들은 〈코란〉의 가르침 때문에 긴 옷을 입기도 해. 얼굴과 맨살을 가족 외의 남자에게 보이면 안 되거든. 그래서 머리에 베일이나 스카프를 꼭 두르고 다녀.

왜 남자와 여자가 같은 학교에 다니지 않아?

가족이 아닌 여자와 남자가 같이 있으면 안 된다는 이슬람교의 가르침 때문이야. 그래서 남자아이가 다니는 학교와 여자아이가 다니는 학교가 따로 있어. 남자아이가 다니는 학교는 선생님도 모두 남자 선생님이고 여자 학교는 선생님도 모두 여자래.

쿠지는 어떤 음식이야?

쿠지는 사우디아라비아의 전통 음식이야. 낙타 고기에 밥과 레몬을 곁들여 먹는 거야. 명절이나 중요한 손님이 왔을 때 먹지. 쿠지를 먹을 때는 다 함께 둘러앉아 수저를 사용하지 않고 손으로 먹어.

석유가 많이 나?

사우디아라비아는 석유가 가장 많이 묻혀 있는 나라야. 전 세계 석유의 4분의 1이 사우디아라비아에서 난대. 사우디아라비아가 잘사는 나라가 된 것도 석유 덕택이지. 그래서 사우디아라비아 사람들은 석유를 '알라의 선물'이라고 믿어.

리야드에는 높은 건물이 많아?

사우디아라비아의 수도 리야드는 가장 발달한 도시야. 석유를 수출하면서 큰 도시로 발전했지. 넓은 도로가 반듯하게 나 있고, 높은 건물들과 상점들이 들어서 있어. 킹덤 센터는 가장 높은 건물인데, 63빌딩보다 높지.

일러두기
1. 맞춤법, 띄어쓰기는 국립국어원에서 펴낸 〈표준국어대사전〉을 기준으로 삼았습니다.
2. 외국 인명, 지명은 국립국어원의 〈외래어 표기 용례집〉을 따랐습니다.

사진제공
토픽이미지, 유로크레온, 연합뉴스, Gettyimages, Imagekorea, 몽골문화촌

재미있는 누리 세계문화

아시아
- 01 중국 | 황제를 만난 타오
- 02 일본 | 요코의 화과자
- 03 베트남 | 할아버지는 어디 계실까?
- 04 태국 | 무아이타이 고수를 찾아라
- 05 필리핀 | 차코의 소원
- 06 인도네시아 | 엄마와 함께 바롱 댄스를
- 07 몽골 | 게르에서 살까?
- 08 네팔 | 정말 예티일까?
- 09 인도 | 하누만, 소원을 들어주세요
- 10 사우디아라비아 | 지금은 라마단
- 11 터키 | 할아버지의 마법 양탄자

유럽
- 12 영국 | 앨리스와 스펜서 백작
- 13 프랑스 | 소원을 들어주는 빵
- 14 네덜란드 | 여왕님의 생일 선물
- 15 독일 | 우리는 동화 마을 방위대
- 16 스위스 | 납치된 가족은 누구?
- 17 이탈리아 | 가빙이 바뀌었어
- 18 그리스 | 주문을 외워 봐
- 19 에스파냐 | 엉뚱 할아버지의 집은 어디?
- 20 스웨덴 | 삐삐와 바이킹 소년
- 21 덴마크 | 레고랜드로 간 삼촌
- 22 러시아 | 나타샤의 꿈
- 23 체코 | 슈퍼맨 마리오네트
- 24 루마니아 | 도둑을 잡으러 간 소린

아메리카
- 25 미국 | 플루토 스팟을 찾아가요
- 26 캐나다 | 퍼레이드가 좋아
- 27 멕시코 | 사라진 태양의 왕국
- 28 쿠바 | 말랭이 영감 다리 나았네
- 29 브라질 | 삼촌의 선물
- 30 페루 | 고마워요, 대장 콘도르
- 31 칠레 | 펭귄을 데려다 주자

아프리카
- 32 이집트 | 파라오의 마음이 궁금해
- 33 나이지리아 | 힘차게 달려라, 나이지리아
- 34 케냐 | 마타타의 신나는 사파리 여행
- 35 남아프리카 공화국 | 루시와 마누는 친구

오세아니아
- 36 오스트레일리아 | 오페라 하우스를 그려 봐
- 37 뉴질랜드 | 하우, 너라면 할 수 있어
- 38 투발루 | 간장 아가씨, 바닷물을 조심해요

주제권
- 39 화폐 | 돈조아 임금님의 퀴즈
- 40 다문화 | 날라노 괜찮아
- 41 옷 | 외계인 빠숑 옷 구경 왔네
- 42 신발 | 클로그를 신을까, 바부슈를 신을까?
- 43 음식 | 황금 포크는 내 거야
- 44 스포츠 | 뚱아 덕아 운동 좀 하자
- 45 괴물 | 유치원에 괴물이 나타났어요

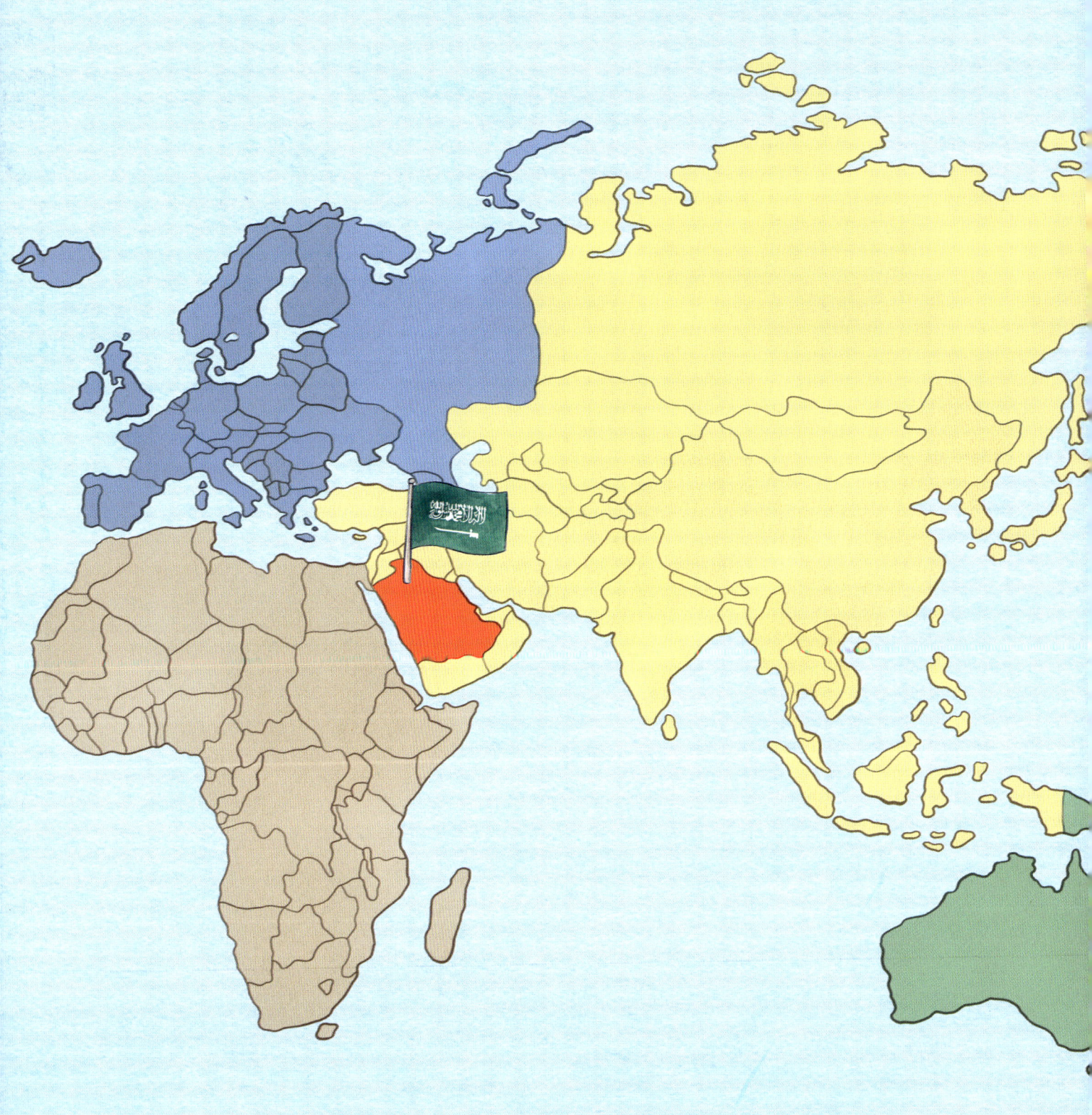